Purifications
or the Sign of Retaliation

As purificações
ou O sinal de talião

Purifications
or the Sign of Retaliation

※

As purificações
ou O sinal de talião

Myriam Fraga

Translated by Chloe Hill

White Pine Press / Buffalo, New York

White Pine Press
P.O. Box 236, Buffalo, NY 14201
www.whitepine.org

Originally published by Civilização Brasileira copyright © 1981

English translation copyright © Chloe Hill, 2017

Acknowledgments:
The title poem of this volume, "Purifications," has previously been published in the Winter 2015 issue of *Exchanges*, the University of Iowa Literary Translation Journal, under the title "The Purifications."

I would like to thank Myriam for the many afternoons she welcomed me into her home and into her office at the Fundação Casa de Jorge Amado to ask questions and review my translations, for her patience with me as I weighed over the many great minutiae of meaning. She is dearly missed.

I'd also like to thank my informal editors Esther Whitfield, Flora Thomson-DeVeaux, Elizabeth Ramos, and my mother, Tracy Mann. And finally, I'd like to thank my number one reader, my grandmother, Carol Mann.

Publication of this book was made possible, in part, by public funds from the New York State Council on the Arts, a State Agency; with funds from the National Endowment for the Arts, which believes that a great nation deserves great art, and the Amazon Literary Partnership.

Cover Art by Erin Gafill, used by permission of the artist.

Printed and bound in the United States of America.

Library of Congress Control Number: 2017949424

ISBN: 978-1-945680-07-6

Contents

O vaso ritual
The Ritual Vase

O sinal de talião
The Sign of Retaliation

A anunciação do silêncio
The Annunciation of Silence

❖

Introduction

Born and bred in Salvador da Bahia, Myriam Fraga (1937–2016) is one of the best known literary names of the Northeastern capital. Before her passing in February 2016, she had penned over ten volumes of poetry, most recently *Rainha Vashti* (2016). Her first collection of poetry, *Marinhas*, was published in 1964 by Edições Macunaíma, Glauber Rocha's press known for its limited printings which featured a strong emphasis on graphic design thanks to the Bahian visual artist Calasans Neto. Other notable collections include *Sesmaria* (1969) which revisits the colonial beginnings of Salvador, Brazil's colonial capital, and *Os deuses lares* (1991), a re-writing of Homer's *Odyssey*. She was also the author of five prose books including a biography of the famous poet Castro Alves' muse, Leonídia, and a memoir documenting her friendship with Jorge Amado. Fraga also published a series of children's books depicting famous Brazilian literary and cultural figures such as Graciliano Ramos and Carybé.

She is often associated with the *Geração Mapa* (Map Generation), a name interchangeably used for the Bahian intellectuals born in the 1930s who 'mapped' out the cultural landscape of Bahia: Jorge Amado through his writing, Dorival Caymmi through his songs, Glauber Rocha through his films; and for the group of writers— Fernando Peres, Florisvaldo Mattos, João Carlos Teixeira Gomes— responsible for the eponymous literary magazine published in the 1970s.

Fraga led the helm at the Fundação Casa de Jorge Amado (the organization responsible for his archival materials) as the institution's executive director since its inception in 1986. In 2015, she was named the vice president of the Academy of Letters of Bahia. Throughout her career she was the recipient of a number of Brazilian literary prizes, among them the *Prêmio Artur de Sales* and the *Medalha Castro Alves*. From 1984 to 2004, Fraga published a weekly column in the local newspaper *A Tarde* about local culture and events happening around the city. A year after her passing, a public square was established in her name in the neighborhood of Salvador where she had lived for many years: *a praça de poesia*, or the poetry square.

The major motifs of Fraga's expansive body of work include the ocean (islands, voyages, shipwrecks), the city, ancestrality, and mythology of such diverse incarnations as African fables, biblical legend, and Greek epic. She tightly weaves this imagery to contemplate on memory and the collective history of Salvador, Brazil, and the world.

Some of Myriam's influences include Monteiro Lobato (early 20th century Brazilian author of prose and children's fiction), Carlos Drummond de Andrade (arguably Brazil's most famous poet of the 20th century), Jorge de Lima (Brazilian poet and novelist), Caetano Veloso (world-famous MPB singer and composer), T. S. Eliot, Ezra Pound, and Emily Dickinson. In fact, Fraga has been quoted as saying that Pound's *Cantos* are the poems she wished she could have written.

Myriam has described poetry as: 'a mental strip-tease,' 'a log book lost in a shipwreck, the treasure map of an island with no treasure,' 'The residue of experiences lived by remote ancestors, a way of remembering that is also knowing, salvation, purification and yet memory. Navigating in the rivers of our own blood in search of a decryption, of a trace, of the bent eye of the Sphinx.' Her style might be considered minimalist despite her baroque language— her poetry is verbally economic; it seeks out precise expression. Through erudite language, Fraga values the word over verse.

Her poetry is universal, approaching themes both cosmopolitan and local, high-brow and popular. It's not a confessional poetry, but rather a mix of the poet's biography with collective history. It is atemporal, located both in the past and in the present, more precisely, in the space of bringing the past into the present. There is an obvious feminine sensibility without being overtly feminist. Her themes are both intimate and urban, not a personal intimacy, but a collective intimacy. Myriam writes in search of providing the clues so that a future reader might decipher the enigma, which she herself cannot explain. She offers no answer; indeed, the answer does not matter. The motivating force of her poems is the trace.

Perhaps better than any other, this collection, *As purificações ou O sinal de talião* (1981), rendered in English as *Purifications or the Sign of Retaliation*, illustrates Fraga's return to the past built on memory made of universal cultural history. It is a stunning example of Fraga's tapestry-like quest back in time that resonates at once local and global. There is a distinct arc, what Myriam calls a 'parabola constructed in silence,' in the volume that starts at man's pre-prehistory and curves upward through budding civilizations to contemporary popular culture, only to return to our collective fate: Death. The first poem, "Purifications," ruminates on the embryo of evolution, our oceanic beginnings. The collection moves forward through the settings and protagonists of antiquity (in poems such as "The Argonauts," "Penelope," and "Memory"), establishing Occidental patrimony as universal inspiration. Myriam finishes out her chronology of collective, cultural memory in an "Anti-elegy for John Lennon," yet again opening up a space to claim inheritance in the Western world, and to reinforce the universality of the human condition. The poems of this volume, trace collective memory and cultural history—the primordial elements of Fraga's verse—with a particularly deft hand. For as she explains in her introduction (what she calls an "An (Almost) Unnecessary Explanation"), this volume is a "[p]ilgrimage in search of a common ancestry 'that splits and sums us.'"

When I speak of collective memory or cultural history in the case of Myriam Fraga and *Purifications*, I am not simply speaking of a particularly Brazilian cultural past. What's at stake here is a way of seeing Brazil in the world, shedding light on an ancestral line that passes through the Iberian Peninsula, reaches back to the Judeo-Greco-Roman world and even further to Mesopotamia. What we find in Myriam's poems is a way of situating Brazil in the Occident. Hers is a poetics, which through appropriation of the myths and symbols of the Occident placed in dialogue with local experience and landscapes, creates an intense interlocution with the Western literary tradition cut through with characters from Bahian and Brazilian history. We see this in Fraga's "(Almost) Unnecessary Explanation" when she invokes Mnemosyne, Greek mother of the muses and the personification of memory, as her poetic guide. We also see dialogue with the luso-historic literary tradition: this trip through time that is Myriam's poetry writing, what takes us to the sites of collective memory, is a sea voyage, paying tribute to Camões, Vasco da Gama, Magellan.

We can situate collective memory and its reconstruction in a series of images widespread throughout Myriam's poetry, for example, the ocean, the map, the labyrinth, the Sphinx's riddle, in short, the traces that make up the cultural patrimony of the West. The ocean is the cradle of evolution, the place—octopus-like—we first inhabited. The map, or the travel route, is the itinerary of our ancestors, the cartography of Western tradition. The riddle: our shared rite of passage, forcing us to decipher the signs left to us from the past. The labyrinth, in turn, signals our movement through imagined geographies, those cartographical signs that somehow might exclude Brazil from the Occident.

What these sites of collective memory, these traces, offer is a continuity between the self and the world. They signal vast, open spaces, the ocean, which like memory is almost impossible to chart; and they indicate our attempts at knowledge (the map, the riddle). Trace-speech of this nature—that is, verse which hinges on the assumption that cultural history is universal and thus ours to claim as memory—is this reconstruction of a past as distant as it is within reach. This is what Myriam proposes in *Purifications*: "Remembering to learn and, through learning, finding salvation. Traveling back in time through poetry, which is knowledge, but is also purification and askesis, for it may be that 'returning may restore us the foreseen, the initial vacuum, the Great Mother, the abyss.'"

Through luso- and occidental literary traditions—almost arti-facts—Fraga excavates collective memory, recovering universal cultural material. Her poetry is often, even for the reader in Portuguese, about deciphering traces, the graffiti that repeatedly emerges throughout this volume. As translator, I am not only deciphering Myriam's signs but also reconfiguring them for an English-speaking audience.

If we consider the text as an archaeological artifact—as this volume might prompt us do with one of its earlier poems entitled "Archaeology"— or monument, or in the terms of Walter Benjamin, a ruin, the gap between cultural and literary material is reduced to diggable distance, sifting through the sod of time to reach the core of civilization. Where Myriam digs through the cultural, literary past of the West in her poetry writing, I practice a derivative digging in my translations, an inter-lingual tilling between Portuguese and English, between the Old World and the New. More than just a digging, we must think of translation as an object with a space of belonging. My translation is an archaeology precisely because it reveals cultural material previously unavailable in English, buried (metaphorically, of course) since the time of Babel.

Archaeology and translation are our methods for knowing our ancestors. Both dig beneath the surface of the present, immediate text or artifact to expose a shared history. It is exactly in the space of memory, the site of its reconstruction, that their relationship is made plain. Memory is already a form of intralingual translation, translating a moment into thought. Any written act can be considered yet another form of intralingual translation—a transcription of cognitive capacities to written symbols. These are the buried, deferred forms in Myriam's poems that are unearthed in inter-lingual translation. Both archaeology and translation 'prick the opacity' of the past; they are in no way a return to the origin, but rather a way of preserving form and description so that some light might peek through.

Myriam's poetic endeavor, in *Purifications*, is one of pulling past voices out of silence. She constructs a parabola of our cultural inheritance, awakening ancient narratives in order to dialogue with the present, to reconstruct the ruins of our shared history. My objective, as her translator, is thus twofold: first to give voice to her poems in English, and second to retrieve from the past the same shared experiences she inscribes in her poetry. When I translate Colchida as Colchis (in "The Argonauts") or Cnossos as Knossos (in "Memory"), I am, of course, matching communicative value for communicative value, but I am also unearthing centuries-old stories, buried from me at first in Portuguese, then wiped clean by my mother tongue. Our essential raison d'être as translators is to give voice to a writing waiting just beneath the surface of foreign language. We are, in fact, the curators of foreign voices past and present in the museum halls of world literature. We are responsible for deciphering the traces left by our ancestors, by our second language, by the text—the artifact.

Explicação (quase) desnecessária

Este livro é filho da Necessidade. Escrevê-lo foi construir no silêncio uma parábola sem limite. Persegui este projeto a princípio nebuloso, com Tenacidade e a Dúvida ao meu encalço. A ele retornei, várias vezes, para abandoná-lo em seguida e, finalmente, lançá-lo ao mar da própria sorte, manuscrito encerrado numa garrafa.

A ideia primeira era fazer um poema a partir daquilo que reconheço, em mim, como uma herança de séculos, resíduo de experiências vividas por remotas ancestralidades.

Começava a perceber que cada indivíduo é o repositório de vivências antiquíssimas e, ao mesmo tempo, um espelho a refletir o futuro. Esta suspeita era menos fruto de um conhecimento que reflexo de uma intuição. De minha parte, sempre imaginei carregar uma culpa além dos meus propósitos.

Mas se, como pessoa, eu podia me contentar com os limites do sofrimento e os casos da biografia, como poeta alguma coisa extrapolava de minha própria condição. Alguma coisa muito especial que ditava uma norma, definia uma função: situar o poeta na faixa intermediária entre a Razão e o Mito, no circuito imaginário de uma história que se repete a partir do embrião, na água primordial onde tudo é gerado.

Recordar para conhecer e, ao conhecer, salvar-se. Regressar no tempo através da Poesia, que é conhecimento, mas é, também, purificação e ascese, pois "talvez o regressar nos devolva o previsto, o vácuo inicial, a grande mãe, o abismo".

Ao desvendar de sua própria saga, o Poeta sente que entre os dedos a tessitura se esgarça e, através do véu que recobre sua origem, ele enxerga, vidente cego, uma realidade maior que o identifica e confunde com o primeiro sopro de vida, o separar das águas.

An (Almost) Unnecessary Explanation

This book is the child of Necessity. To write it was to erect a limitless parabola in silence. I pursued this initially nebulous project with Tenacity and Doubt at my heels. I returned to it many times only to give it up again and, finally, cast it out to the sea of its own fate, a manuscript enclosed in a bottle.

At first, the idea was to make a poem from that which I recognize in myself as a centuries-old inheritance, the residue of lived experiences of remote ancestors.

I began to see that each individual is the repository of experiences immemorial and, at the same time, a mirror reflecting the future. This suspicion was less the fruit of knowledge than a reflection of an intuition. For my part, I always believed myself to bear a guilt beyond my own design.

But if, as an individual, I could content myself with the limits of suffering and the chapters of biographies, something greater came out of my condition as poet. Something quite special that dictated a standard, that defined a function: situating the poet in the intermediary terrain between Reason and Myth, in the imaginary circuit of a history that repeats itself from the embryo, in the primordial waters where all is bred.

Remembering to learn and, through learning, finding salvation. Traveling back in time through poetry, which is knowledge, but is also purification and askesis, for it may be that "returning may restore us the foreseen, the initial vacuum, the Great Mother, the abyss."

At the unveiling of his own saga, the Poet feels the fabric fray between his fingers, and through the veil that overlies his origin, he, blind oracle, glimpses a greater reality that connects him to and melds him with the first breath of life, the parting of the waters.

Não é à toa que, na sabedoria exatíssima dos mitos, Homero e Tirésias—aedo e adivinho—pagaram com os olhos o privilégio da vidência. É que a Poesia, como a Verdade, habita espaços mais profundos, e os olhos humanos são inúteis para ver o invisível.

Este livro é um roteiro de viagem. Peregrinação em busca de uma herança comum "que nos divide e soma". Um navegar nos rios do próprio sangue à procura de uma decifração, de um rastro, do olho torto da Esfinge.

Mnemósine preside o encantamento, e nem é preciso lembrar que a função poética era, a princípio, fundamentalmente memória. Ao poeta cabe o ofício do *mnemon*—lembrar aos homens que o esquecimento da própria história pode levar à morte.

Este livro é um roteiro, mas é também um mapa. Roteiro de uma absurda "viagem do nada ao não sei onde". Diário de bordo perdido num naufrágio, mapa do tesouro de uma ilha sem tesouro, onde cada conquista é apenas fracasso, e cada novo passo um novo princípio.

E se, viajante, sem porto, assim mesmo prossigo (prosseguimos), é por saber que esta tragédia que encenamos—canto aos bodes de ouro do imprevisto—é nossa, nos pertence. E para lá dos espelhos ambíguos do destino e desta trágica "herança de bem e mal, que nos divide e soma, somos mais do que os deuses porque somos".

It's no coincidence, in the exacting wisdom of myths, that Homer and Tiresias—aoidos and augur—paid with their eyes for the privilege of sight. It's that Poetry, like Truth, inhabits obscure depths, and the human eye is useless for seeing the invisible.

This book is a travel route. A pilgrimage in search of a common ancestry "that splits and sums us." Navigating in the rivers of our own blood in search of a decryption, of a trace, of the bent eye of the Sphinx.

Mnemosyne casts the spell, and there's no need to recall that the poetic function, in the beginning, was fundamentally memory. To the poet falls the task of mnemon—to remind men that forgetting their own history can lead to death.

This book is a route, but also a map. The route of an absurd "voyage from nothingness to I know not where." A logbook lost in a shipwreck, a treasure map of an island with no treasure, where every conquest is merely a failure, and each new step a new start.

And if all the same, port-less traveler, I proceed (we proceed), it's by knowing that this tragedy that we stage—a hymn for the golden goats of the unforeseen—it's ours, it belongs to us. And beyond the ambiguous mirrors of destiny and this tragic "inheritance of good and evil, that splits and sums us, we are more than the gods because we are."

O talhe das pedras

*Não se trata de uma pessoa apreender-se a si mesma
em seu passado particular,
de se encontrar na continuidade de uma vida interior
que a diferencia de todas as outras criaturas;
trata-se de situar-se no quadro de uma ordem geral,
de restabelecer sobre todos os planos
a continuidade entre si mesma e o mundo,
ligando sistematicamente a vida presente ao conjunto dos tempos,
a existência humana à natureza inteira,
o destino do indivíduo à totalidade do ser, a parte ao todo.*
Jean-Pierre Vernant

*[…] porque, com efeito, fui homem, mulher, planta
e mudo peixe que salta fora d'agua.*
Empédocles

The Design of the Stones

*It's about a person understanding themselves for themselves
in their particular past,
encountering continuity with an inner life
that would distinguish them from all other creatures;
it's a case of situating, within the scope of a general order,
reestablishing over all spheres
the continuity between the self and the world,
systematically connecting the present life with time in its entirety,
human existence with the whole of nature
the individual's destiny with the totality of being; the piece with the whole.*
Jean-Pierre Vernant

*[…] For I had already been man, woman, weed
and mute fish leaping from the water.*
Empedocles

As purificações

Como um polvo éramos. Éramos. E agora espero a morte. A poeira da morte que nenhum filtro, nenhum capacete de aço, nenhum fio de pensamento ligeiro, nenhum nó de laçada, nada, conseguirá jamais retardar. Nós éramos como polvos, os múltiplos tentáculos, as ventosas fixadas nos minutos, no cerne dos momentos escorregadios, nós éramos...

Agachados no escuro. Úmida sensação de começo, de esperma. É incrível, mas sinto. Há um grunhido especial para cada coisa nomeada. Os ponteiros retalham-me o rosto como sabres. O tempo fragmentou-se. Penduro minhas armas.

A poeira da morte. Um clarão. O princípio? A memória é oceano. Um rio-oceano circular e infinito. E meu sangue é memória regressando no caos, reinventando a si mesma em cada sujo enigma, uma esfinge sem cabeça e sem resposta alguma.

Purifications

Like an octopus we were. We were. And now I wait for death. The dust of death that no potion, no steel helmet, no thin strand of thought, no looped knot—nothing will ever defer. We were like octopuses: the multiple tentacles, the cupping glasses fixed to minutes, to the kernel of slippery moments, we were…

Crouched in the dark. Damp sensation of a start—of sperm. It's incredible but I feel it. There's a special grunt for each named thing. The clock's hands shred my face like sabers. Time fragmented. I hang up my weapons.

The dust of death. A flash. The beginning? Memory is ocean. A river-ocean, circular and infinite. And my blood, memory regressing toward chaos. Reinventing itself with each dirty enigma, a sphinx with no head and with no answers to offer.

Vórtice I

Uma espiral descendente,
Redemoinho ou
Voragem.

Agora desço ao limite,
Resvalo ao fundo
Do poço.

Brânquias, guelras,
(Celacanto?)
Mar de memórias,
Me encontro
No centro do precipício.

Regresso ao mofo do limbo
Mapa de assombro,
Prefácio,
No livro escuro onde traço

Um caminho circunflexo,
Unindo as pontas
Do laço.

Vortex I

A descending spiral,
Whirlwind or
Chasm.

Now I descend to the limit,
I slide to the depths
Of the well.

Branchiae, gills,
(Coelacanth?)
Sea of memories,
I find myself
At the center of the precipice.

I return to limbo's mildew
The map of wonder,
The preface,
In the dark book where I trace

A circumflex path
Connecting the ends
Of the noose.

Vórtice II

Tateamos no escuro.
Bestas
      deuses
            homens.

O universo nos dedos,
As obscuras
Linhas do destino
Em cada palma.

Remoinho feroz,
Ferozmente descemos
Ao fundo de nós mesmos.

Um molusco na concha.
Um sáurio
À procura de espaço.

O nó dos intestinos
Como laço.

Vortex II

We fumble in the dark
Beasts
       gods
              men

The universe between our fingers
The obscure
Lines of destiny
On each palm.

Fierce whirlwind,
Fiercely we descend
To the depths of ourselves.

A mollusk in shell
A saurian
In search of space.

Intestines knotted
Like a noose.

Rotação

A terra de ninguém é um útero de vidro.

Talvez o regressar nos devolva o previsto, o vácuo
inicial, a Grande Mãe, o abismo. Um caminho às
avessas, dos sapos aos girinos, ao escuro ventre
vazio, primordial e infinito.

Somos todos destroços. Salvados de antigos crimes.

Rotation

No-man's-land is a glass uterus.

Perhaps returning may restore us the foreseen, the initial
vacuum, the Great Mother, the abyss. A path in
reverse from frogs to tadpoles, to the dark, empty
womb, primordial and infinite.

We are all wreckage. Saved from ancient crimes.

Teogonia

No princípio era o Caos.
Riso enorme na boca
(só gengivas)
Babando astros confusos,
Emprenhando-se,
Girândola a girar, facas no açoite.

Degolados os nexos
            e os sexos,
Devorados os filhos,
A Beleza
Pariu-se, fria e azul,
Entre esponja-espuma.

Coágulos para a sede,
Sal nos olhos,
Foi de barro e saliva
Feito o homem.

—Ah, este selo na carne,
Este alfinete
Como abutre no fígado.

Foi de cuspe e de lama
Fabricado,
Manipanso no espelho,
Imagem e desconcerto,

Um parafuso solto
Nos avessos
Da cabeça de Deus.

Theogony

In the beginning there was Chaos
An enormous smile
(just gums)
Drooling dim stars,
Becoming pregnant.
A spinning candelabra, knives at the whip.

Decapitated were the nexuses
      And sexes
The sons devoured,
And so Beauty
Birthed itself, cold and blue,
Between sponge-spume.

Coagulated for the thirst
Salt in the eyes,
It was of loam and saliva
That man was made.

—Ah, this brand on the flesh,
This pin
Like a vulture in the liver.

Of spit and mud
He was forged,
Stocky in the mirror,
Image and disorder,

A screw loose
In the folds
Of the head of God.

Atavismo

A podridão das margens
Se advinha.
Mas as guelras sufocam,
E eu me arrasto.

Um réptil como os outros,
Risco um traço,
Me transformo em batráquio,
Me refaço.

Um sujo animal na escala
Para o alto.

BRÂNQUIAS GUELRAS PATAS MAMAS
HOJE SOMOS O QUE SOMA
PATAS PÊLO DENTES COMA
PÁSSARO PUMA PANDORA

FARFALHAM ASAS DE ABUTRE
VEM A NOITE ME DEVORA.

Atavism

The rot on the shores
Foretells itself
But the gills are suffocating
And I drag myself along.

A reptile like any other,
I scratch a trace,
Transform myself batrachian,
I remake myself.

A dirty animal scaling
Towards the peak.

BRANCHIAE GILLS PAWS BREASTS
TODAY WE ARE WHAT ADDS UP TO
PAWS FUR TEETH MANE
BIRD PUMA PANDORA

THEY COME AT NIGHT TO DEVOUR ME,
RUSTLE THE VULTURE WINGS.

Metamorfose

De que pata piscosa
Me acrescento,
Antigo sono nascido
Para o sonho?

De que amor monstruoso
Me distraio?
(Antes nascer sem patas para o mundo)

Equilíbrio de sáurio,
Passo a passo
Rolamos nebulosos (ontem anfíbios)
E nos sonhamos compondo carapaças,
Nostálgico regresso.

E no princípio era o Caos (não esquecer).

Metamorphosis

From what fishy paw
Do I enlarge myself,
Ancient slumber born
To dream?

From what monstrous love
Do I distract myself?
(Before being born without paws for the world)

Saurian equilibrium
Step by step
We tumbled nebulous (yesterday amphibians)
And dreamt ourselves composing carapaces,
The nostalgic return.

And in the beginning there was Chaos (never forget).

Arqueologia

Na sala dos museus,
Os cérebros colados
E entre órbitas vazias
A etiqueta e um número.

A ficha, o dossiê,
A teoria, a hipótese.

Três molares pescados
No entulho das grutas.

Digital no silêncio,
Fóssil
Entre lascas de sílex.

No entanto, a fogueira
Era apenas o encontro,

E entre oferenda e banquete
Devoramos os deuses
E distribuímos as tendas,

Os filhos de Caim, a negra
Estirpe de lobos
Sem perdão.

Archaeology

In the museum hall
The cramped craniums,
Their label and number
Between empty orbits.

The record, the dossier,
The theory, the hypothesis.

Three molars fished out
From the cave rubble.

Digital in silence,
Fossil
Between flint chips.

Yet the bonfire
Was merely the meeting,

And between offering and banquet
We devoured the gods
And distributed the tents,

Cain's sons, the black
Race of wolves
Without absolution.

Sabat I

É preciso procurar, sem dúvida. E reunir os grafitos. Às margens do Grande Rio, erguemos os pilares e a pirâmide dos mortos. E, quando o fumo branco ascendeu, as narinas fremiram. Dançamos à volta toda a noite. E, pela manhã, partimos.

Dançamos à volta toda a noite. A voz rouca no escuro era a voz do destino. Um rodopio, a garra, um uivo espiralado. No sangue enlouquecido, a fome das leoas.

Havia uma chibata em cada grito de pantera.

Sabbath I

Doubtless it is necessary to seek. And to piece together the graffiti. At the banks of the Great River, we raised the pillars and the pyramid of the dead. Nostrils flared at the white smoke ascending. We danced round it all night long. And, by morning, we departed.

We danced round it all night long. The hoarse voice in the dark was the voice of destiny. A whirl, the claw, a spiraled howl. In the crazed blood, the hunger of the lionesses.

There was a lash in each panther's cry.

Bestiário

Na goela do feroz
Dourado tigre,
Eu sobre mim
E a força
Do princípio.

A coleira de ferro
Sobre o peito liso
Deslizo coleante.

Sou minha fera.

A mão prudente na alça
Do gasnete,
Farejo no meu rastro,
Eu caçador/caçado.

Revolvo as armadilhas
Arapucas mundéus as g
aiolas os laços a cor
rente na trilha a rat
oeira a rede a isca o
alçapão a coleira as
algemas o hábito o ca
nsaço a solidão o med
o (ASSIM RESOLVO EM A
STÚCIA MEU SEGREDO).

Bestiary

In the gullet of the fierce,
Golden tiger,
I find myself above me
And the force
Of the beginning.

I wriggle off
The iron collar
Just above my smooth chest.

I am my beast.

With prudent hand at the strap
Of the neck
I sniff out my tracks,
I hunter/hunted.

I turn over the traps
The snares the leg holds the c
ages the ropes the ch
ain in the trail the mouse-
trap the net the bait the
pitfall the collar the
handcuffs the habit the weari
ness the solitude the fea
r (THUS I MASTER MY
SECRECT IN GUILE).

Litúrgico

A porta sobre o acaso,
A parede das furnas.
Textura de pedra
Onde inscrever o mito.

Mastigar lentamente
Até somar um ritmo
Frenético
De buzinas bisontes.

Entrechocar de tíbias
Em redor de tambores
De terra.

E tingir de sangue a lua
No altar dos sacrifícios.

Liturgical

Fortune's door,
The cave wall.
The stone texture
For inscribing the myth.

Slowly grinding
Until the rhythm comes together
Frenetic
Like bison bugles.

A clacking-together of tibias
At the edge
Of earthen drums.

And dying the moon with blood
At the sacrificial altar.

Altamira

E descemos cordilheiras
Como Surdos
Rebanhos de tropelas.

Ontem fui eu,
Foi meu o signo
Inscrito,
A mensagem na pedra.

Mas hoje é Ele
Quem risca no escuro
O sinal da caçada,

E de sua mão sangrenta
É que explode em oligisto
No fino risco exato
O tropel dos bisontes.

Cave of Altamira

And we descend mountain ranges
Like Deaf,
Tottering herds.

Yesterday it was I,
My sign
Inscribed,
The message in the stone.

But today it is He
Who scratches in the dark
The sign of the hunt,

And it is from his bloody hand
That the oligist explodes,
Along the thin precise trace
The clatter of bison.

Imaginária

Entre fezes vômitos entre silêncios desesperados
sangrando entre sílabas impossíveis corroendo a
garganta entre o visto e o nomeado construímos
o mundo

na pedra polida
na pedra lascada
no sílex
no ventre
da deusa

calipígia ternura
de uma pedra com nádegas.

Imaginarium

Between vomit feces between desperate silences
bleeding between impossible syllables gnawing at the
throat between the seen and the named we constructed
the world

in polished stone
in splintered stone
in silica
in the womb
of the goddess

the callipygian tenderness
of a curvaceous stone.

O vaso ritual

The Ritual Vase

Os argonautas

É difícil partir,
Dois oceanos
Nos dividem ao meio.

Um é Descrença
O outro Desespero,

E em cada despedida
Um velho grita.

Um rei morreu menino.
Seu fantasma
Anda a vagar
Nas capitais do medo.

É difícil partir,
É tão difícil
Desatrelar do cais
Este navio
Que se chama Conflito.

No entanto, esta tarde é
Como um barco
Onde me ausento
De mim, de meus cansados
Molhes de pedras.

A angústia é meu timão,
Meu astrolábio
Nesta inquieta jornada.

Razões de navegar,
Cartografia

The Argonauts

It is difficult to part,
Two oceans
Split us in half.

One is Disbelief
The other Despair,

And in each parting
An old man screams.

A king died just a boy.
His ghost
Goes wandering
Through the capitals of fear.

It is difficult to part,
So difficult
To unhitch from the harbor
This ship
Called Conflict.

Nevertheless, this afternoon is
Like a boat
Where I rid myself
Of myself, of my tired
Stone jetties.

Anguish is my helm,
My astrolabe
On this restless journey.

Navigation's reasons,
Cartography,

Que recomeça ao estimulo
Da pauta.

Ó minha Colchida,
Sonhada e nunca vista,
Entrevista sequer,
Nunca encontrada.

Há um velocino dormindo
No meu peito,
Na lembrança das coisas
Que não fui.

É preciso partir.
No entanto, a roda
Da vida nos limita.

E nos quedamos, Fiandeiras
Sinistras destas cinzas
De um sacrifício inútil
Como os deuses.

Há os que partem
E os que tecem.
Na urdidura das sombras,
É Penélope
Mais astuta que Ulisses?

Quem dirá na surdina
Do heroísmo dos pontos
O selvagem pontear
Das agulhas na carne?

Renewing with
The goading plank.

Oh, my Colchis,
Dreamt of yet never seen,
Never even glimpsed,
Never found.

The Golden Fleece sleeps
On my chest,
Reminding me of all the things
I never was.

One must part.
Nevertheless, the circle
Of life limits us.

And we remain, Sinister
Weavers of these ashes
Of a useless sacrifice
Like the gods.

There are those who part
And those who weave.
In the warp of shadows,
Is not Penelope
More astute than Ulysses?

Who will speak secretly
Of the heroism of the stiches
The wild pricking
Of needles at flesh?

É difícil partir.
Os argonautas
São filhos do Destino.

Em seu caminho,
Há um signo feroz,
Impulso para o ato.

No entanto, os que ficam,
Como barcos,
Ancorados em si,
No seu cansaço,

São aves paralíticas
São pedaços
Apagados no mapa,
São pontos de um bordado
Que não cresce
Que se renova apenas
Do que tece
          e destrói

Nos dedos que noturnos
Desenlaçam
O fio das meadas.

E nos quedamos, Fiandeiras
Soturnas, nesta praça
Onde plantadas estamos
Como mastros

De um navio que nunca partirá.

It is difficult to part.
The Argonauts
Are the sons of Destiny.

In their path
Is a fierce sign,
The impulse to act.

Nevertheless, those who stay
Like boats
Anchored to themselves,
To their weariness,

Are paralytic birds,
Are bits
Rubbed out of the map,
Are stitches of an embroidery
That does not grow
That simply renews itself
From what it weaves
        And destroys

In the fingers that, by night,
Untangle
The strand of the skein.

And we remain, Grim
Weavers, in this square
Where planted we are
Like masts

Of a ship that will never part.

Iniciação

Eis que agora penetro no mais profundo do labirinto. Na úmida caverna onde deslizo, apagarem-se as sombras. As tochas iluminam fracamente os vultos agachados. Um uivo soluço, um cântico esmerilha as paredes. Sinto braços peludos que se fecham (POR NOVE ANOS BUSCAREI) e empurram-me para a pedra do banquete. Sobre a língua que endurece, a carne é doce e amarga e pressinto o degredo. Por nove anos ainda hei de buscar.

Que me deste Lycaios?
Além do grito, da dor
E desta máscara,
Que trago como um torpe diadema
A relembrar os ritos mais selvagens?

Initiation

Behold now as I penetrate the depths of the labyrinth. In the humid cavern where I slide, shadows extinguish. The torches weakly light the crouched silhouettes. A howl hiccup, a hymn buffs the walls. I feel wooly arms close around me (FOR NINE YEARS I WILL SEARCH) and push me to the banquet stone. Upon the hardening tongue, the flesh is sweet and bitter and I anticipate exile. I will be searching for nine years more.

> What have you given me, Lykaios?
> Beyond the cry, the pain
> And this mask,
> That I bear like a vile diadem
> Recalling the wildest rites?

Roteiro

Decifrarei o mundo
Nestes gritos.

Sombra de luz, meu obscuro
Retorno. Viagem do nada
Ao não sei onde.

Absurdo Aqueronte
Onde um peixe navega

E este peixe é meu sonho.

Route

I will decipher the world
In these cries.

Shadow's light, my dim
Return. Voyage from nothingness
To I know not where.

Absurd Acheron
Where a fish sails

And this fish is my dream.

Ícone

As imagens de Deus com seus
Tesouros, seu bezerro
De ouro, seus talentos
De prestidigitador.

Babilônia, Babilônia,
Aqui meu grito,
Eras a única coisa real
E destruíram-te.

Todos os deuses são hóspedes do sonho.

Icon

Images of God with his
Treasures, his golden calf,
His slights of hand.

Babylon, Babylon
My cry hither,
You were the only real thing
And they destroyed you.

All gods are guests of the dream.

Mapa

Viajante do caos,
(Aeronauta?)
Onde encontrar o nó dos pesadelos?
O nódulo, a espiral
Onde nascem os ciclones?

O tempo é a substância única
Em que navego.
Bússola solta ao acaso,
Aeronave,

Geografia inventada, precipício
De símbolos, de sargaços.

Há um Adamastor plantado
Em cada traço
Deste sujo papel,
Deste papiro ingrato

Que se enrola e me esconde
A outra face.

Map

Traveler through chaos
(Aeronaut?)
Where does one find the knot of nightmares?
The nodule, the spiral
Where cyclones are born?

Time is the sole substance
In which I navigate
Compass untethered haphazardly,
Airship,

Invented geography, precipice
Of symbols, of seaweed.

An Adamastor fixed
In each trace
Of this dirty paper,
This ungrateful papyrus

That curls itself up and hides from me
Its other face.

Arúspice

Vivo
À margem esquerda
Do Eufrates.

Meu horizonte é um
Círculo de frio.

O destino dos homens
Jaz num pássaro cego.
Adivinho na areia
Os sinais do dilúvio.

Buscar tenho buscado
Em toda parte,
Mas a verdade é como um rio
Que se nega.

Decifrador de estrelas,
Meu suplício
É este segredo nas tripas
Repetido:

O inferno não foi feito
Para os tíbios.

Aruspex

I live
On the left bank
Of the Euphrates.

My horizon is a
Circle of frost.

Man's destiny
Lies in a blind bird.
In the sand, I scry
The signs of the flood.

Searching I have searched
Everywhere
But the truth is like a river
That negates itself.

Decipherer of stars,
My punishment
Is this secret in my gut
Repeated:

Hell wasn't made
For the tepid.

Memória

No palácio de Cnossos, numa ânfora quebrada, gravei teu nome. As colunatas vermelhas fremiam ao sol da tarde, e touros jovens laceravam a carne dos efebos. No palácio de Cnossos, uma meada de seda perdeu-se no tumulto, quando as dançarinas aladas eternizaram-se nas paredes, como borboletas trespassadas. E, na grande sala dos machados duplos, inventou-se o elo perdido entre o Sim e o Nada.

Memory

In the palace at Knossos, on a broken amphora, I engraved your name. The red colonnades quivered in the afternoon sun, and young bulls rent the flesh of ephebes. In the palace at Knossos, a skein of silk was lost in the tumult when winged dancers were immortalized on the wall like pinned butterflies. And, in the great hall of the double-headed axe, the lost link was invented between Yes and Nothingness.

Sinete

Um túmulo circular
E as leoas na porta.

Este é o sinal de sangue
É este o selo
Que me imprimiram na espádua.

Rastreador de touros,
Sacerdote
Da Senhora dos Bichos,

Decifrei o silabário dos profetas.

Não se distinguem as surdas
das sonoras,
As duas líquidas confundem-se.
É incontável a quantidade
das vogais.

E, no centro das estelas,
Gravei uma espiral
Relembrando meus mortos.

É urgente e necessário
Reunir os grafitos.

Signet

A circular tomb,
Lionesses at the door.

This is the sign of blood,
This, the seal
They impressed on my shoulder blade.

Bull tracker,
High Priest
To the Lady of the Animals,

I deciphered the syllabary of the prophets.

The deaf are indistinguishable
from the sonorous,
The two liquids mingle together.
Countless is the number
of vowels.

And, in the monolith's center
I engraved a spiral
Recalling my dead.

It's urgent and necessary
To piece together the graffiti.

Desalento

Pelo girar das estrelas,
Pelos
Astrolábios que crescem
No jardim,

Pelas agulhas cruéis,
Rodopiantes,
Sei que não há norte
Nem princípio.

Este navio existe,
Mas o porto
É uma pedra no fundo
Do impossível.

Velas turvas do acaso,
Que intranqüilo
É este mar que devoro
E não tem fim.

Dismay

By the spinning of the stars
By the
Astrolabes that grow
In the garden,

By the cruel needles,
Whirling,
I know there is no north
Nor beginning.

This ship exists,
But the port
Is a stone in the depths
Of the impossible.

Troubled sails of happenstance,
How uneasy
Is this sea that I devour,
And without end.

Linhagem

O passado é um rio
Onde naufraga
A barca escura
Dos homens.

Tenho a chave do tempo
E os pilares da ponte,
Sou meu guia.

Anfiarau e Tirésias,
Me adivinho
E entre sombras caminho.

Guardo a memória
Do mundo
E amadureço,

Intemporal e eterna
No que teço.

Lineage

The past is a river
Where man's
Dark ferry
Shipwrecks.

I have the key of time
And the bridge pillars,
I am my guide.

Amphiaraus and Tiresias.
Myself I divine
And between shadows I stride.

I save the memory
Of the world
And ripen

Timeless and eternal
In what I spin.

Astrologia

O cego viajante,
O impoluto
Destruidor de signos
E astrolábios,
Amanheceu-me nas veias.
Delirante.

Sou meu oráculo.
E decifro-me, esfinge
De respostas inventadas.
Desiguais.

Este horóscopo eu conheço.
É meu signo inquieto,
O maligno
Devorador da própria carne.

Sou meu súcubo.

Astrology

The blind traveler,
The unsullied
Destroyer of signs
And astrolabes,
Has awoken, delirious,
In my veins.

I am my oracle.
And I decipher myself, Sphinx
Of invented answers.
Warped.

I know this horoscope.
It is my restless sign,
The malign
Devourer of its own flesh.

I am my succubus.

Anátema

Esta legenda é minha.
É meu este grito
E o sangue
A espirrar no punhal.

Sou eu quem devora
Os próprios filhos
Sob a luz complacente
Dos espelhos.

É meu o sono
E o pesadelo dos mortos,
A última carta na mão
Do suicida.

E este trágico destino
E esta herança
De bem e mal
Que nos divide e soma.

Somos mais do que os deuses
Porque somos.

Anathema

This is my epithet.
Mine is this scream.
And the blood
Gushing out on the dagger.

It is I who devours
My own children
Beneath the benign light
Of mirrors.

It is mine the slumber
And the nightmare of the dead,
The last letter in the
Suicide's hand.

And this tragic fate
And this inheritance
Of good and evil
That splits and sums us.

We are more than the gods
Because we are.

O sinal de talião

The Sign of Retaliation

Guerrilha

Naquela noite no pântano deitados lado a lado, tua face lacerada e meus dedos devorados por granadas. Naquela noite de lua calma e borbulhar envolvente de minúsculas, mínimas vidas, o pressentir de sanguessugas ávidas na carne, compreendemos. Nosso destino era aquele suave dom calado de matar-se e matar. O inimigo estava ali, bem perto, no que restou da floresta incendiada, o brilho anônimo de seus olhos no escuro, o inimigo estava em nós, do nosso lado, e a fome era um sapato apertado demais para descalçar-se.

Quando o vulto surgiu, reuni o que restava de forças e dedos e gatilho. O que ouvimos foi só um estampido e um baque. E então finalmente dormimos. Profundamente. Apaziguados.

Guerrilla

On that night in the marsh lying side by side, your torn face and my grenade-bitten fingers. On that night of calm moonlight and the enveloping gurgle of miniscule, minimal lives, the anticipation of greedy leeches at our flesh, we understood. Our destiny was that soft, wordless talent of the slaying and the slain. The enemy was there, quite close, in what remained of the forest set ablaze, the anonymous shine of his eyes in the dark, the enemy was within us, on our side, and hunger was a shoe too tight to take off.

When the shadow appeared, I gathered what was left of strength and fingers and trigger. What we heard was just a crack and a thud. And then finally we slept. Deeply. Pacified.

Metáfora

Quando cheguei,
A solidão
Era uma porta.

Havia uma cruz marcada
E um círculo na fachada.

Quando cheguei,
Era um muro,
Com seus sinais
Apagados,

Bandeiras rotas tremiam
Penduradas nas sacadas,

Um fragmento de filme,
Um pedaço de jornal
E a fogueira dos bruxos
Alteando-se na praça,

Um surdo rumor de pedras
Reviradas
E sal para os lábios secos
E a cutilada do lado

Mais:
Um palácio de ossos
Para o rei
E seus vassalos.

Metaphor

When I arrived
Loneliness
Was a door.

There was a marked cross
And a circle on the façade.

When I arrived,
It was a wall
With its signs
Rubbed out,

Ragged flags trembled
Hanging from the balconies,

Fragment of film
Piece of newspaper
And conjurers' fire
Rising in the square,

A deaf murmur of overturned
Stones
And salt for your dried lips
And the knife wound at your side

More:
A palace of bones
For the king
And his vassals.

Simetria

Todo ato é uma pedra
Que se lança.

Todo ato é o pêndulo,
Relógio do que compramos.

Todo ato é o homem
Que o constrói,

Nunca ilusão
Mas começo
Do instante que fabricamos.

O que se faz é o limite
Do salto que projetamos.

A mão que escreve ao muro
Se dissolve no infinito,

Mas fica a marca, o grafito.

Symmetry

Every act is a stone
Thrown.

Every act is the pendulum,
The meter by which we buy.

Every act is the man
That it makes,

Never illusion
But beginning
From the second of our fabrication.

What's made is the limit
Of the leap that we project.

The hand that writes at the wall
Dissolves into the infinite,

But the mark remains, the graffito.

Retórica

Quem dirá o que é o mal
E o que é o bem
Se todas as coisas se tocam
E se devoram
—Alfa Omega—
E no final
É a mesma terra suja
De ninguém?

Rhetoric

Who will say what is evil
And what is good
If all things touch
And devour each other
—Alpha Omega—
And in the end
Isn't this the same dirty
No-Man's-Land?

Sabat II

É preciso resistir, sem dúvida. E entender os grafitos. No centro da praça erguia-se o obelisco e a lembrança dos mortos. Havia no ar a esperança de um grito. Mas cantávamos apenas e chorávamos em surdina. Pela manhã, partimos.

Bebemos toda a noite. No escuro da sala os copos tiniam. Um cheiro de sangue e suor corroía as narinas. A voz rouca do negro era a voz do destino. Um rodopio, a garra, um uivo espiralado. No sax enlouquecido, a fome das leoas.

Havia uma chibatada em cada solo de trompete.

Sabbath II

Doubtless, it's necessary to resist. And to decipher the graffiti. In the center of the square the obelisk was erected along with the memory of the dead. In the air was the hope for a scream. But we simply sang and cried secretly. In the morning, we departed.

We drank all night long. In the dark hall the cups clanked. A scent of blood and sweat gnawed at our nostrils. The hoarse voice of the black man was the voice of destiny. A whirl, the claw, a spiraled howl. In the crazed sax, the hunger of the lionesses.

There was a lashing in each trumpet solo.

Ritual

Quando o ídolo morreu,
Inventou-se o silêncio,
E em todos os vídeos
Correu
Um filete de sangue.

Quando o ídolo morreu,
As guitarras murcharam,
E jovens na discoteca
Arrancaram os cabelos
E dançaram

Até cair, vencidos
De cansaço.

Ritual

When the idol died
Silence was invented
And in all the videos
There ran
A thread of blood.

When the idol died
The guitars withered,
And the teenagers in the discotheque
Pulled out their hair
And danced

Until falling, overcome
By exhaustion.

Trajetória

Eu,
Que decepei a cabeça
De Holofernes

E apascentava os leões
Com vinhos de Marsala.

Eu,
Que dormi com Pizarro
Numa tenda encarnada,

Sacerdotisa do jaguar
E da serpente emplumada.

Eu,
Maria, a Sanguinária,
Isabel, a Católica

Rainha destronada,
Inocente e assassina.

Hoje masco chicletes
Perfumados a menta,

Estrela absoluta
Dos filmes de pornô.

Trajectory

I,
Who severed the head
Of Holofernes

And took the lions to pasture
With Marsala wine.

I,
Who slept with Pizarro
In a flesh-colored tent,

Priestess of the jaguar
And the feathered serpent.

I,
Mary, the Bloody
Isabel, the Catholic,

Queen dethroned,
Innocent and murderess.

Today I chew bubblegum
Perfumed with mint,

Incomparable
Porn star.

Minopauta

Não te mires no espelho
Côncavo das virtudes.

Esquece o labirinto.

Não cogites,
Devora.

Minopauta

Don't look at yourself
In the concave mirror of virtue.

Forget the labyrinth.

Don't think.
Devour.

Terror

Esta é a lei
Que me deram,
Lei de cão,

Dente por
Dente,
Sinal de talião.

Me botaram na praça
Nu,
E pássaros
Vinham bicar-me
O ventre,

E arrancaram-me as unhas
E os segredos,
E vieram outros pássaros
Rapaces
E me roeram os dedos.

Hoje o ódio é o melhor
Que me consentem.

Vou explodir um mapa
Cheio de gente.

Terror

This is the law
They gave me,
Law of the dog.

Tooth for
Tooth,
The sign of retaliation.

They put me in the square,
Naked,
And birds
Came pecking
At my womb,

Snatching away my fingernails,
My secrets,
And other birds came
Ravens
Gnawing at my fingers.

Today hate is the best
Of what they concede to me.

I will explode a map
Full of people.

Inquisição

Costuraram sua boca
Com alfinetes,

E ele dizia que NÃO,
E perguntavam.

E cortaram seus dedos
E o lançaram
Bem no fundo do poço.

E ele dizia que não, que não, que não.

E seus cabelos cresciam como chamas.

Inquisition

They sewed his mouth
With pins,

He would say NO,
And still they would ask.

They cut his fingers
And launched him
Down to the bottom of the pit.

And still he would say no, no, no.

And his hair grew like flames.

Cabala

Talvez para mim
Baste a sorte,
Bastem dados de jogar,

Baste o corte do baralho
Na figura do enforcado.

Talvez para mim
Baste a seda da meada,
As três sentadas na sala
Em volta da mesma roca.

A vida é uma coisa torta
Escrita com linhas certas,

A mesma linha secreta
Que adivinho em minha palma.

Kabala

Perhaps for me
Luck is enough
Thrown dice are enough,

The deck cut at
The hanged man is enough

Perhaps for me
The silk skein is enough,
Three seated in the hall
Surrounding the same spindle.

Life is a bent thing
Written in certain lines,

The same secret line
That I divine on my palm.

Penélope

Hoje desfiz o último ponto,
A trama do bordado.

No palácio deserto, ladra
O cão.

Um sibilo de flechas
Devolve-me o passado.

Com os olhos da memória
Vejo o arco
Que se encurva,
A força que o distende.

Reconheço no silêncio
A paz que me faltava.
(No mármore da entrada
Agonizam os pretendentes.)

O ciclo está completo,
A espera acabada.

Quando Ulisses chegar,
A sopa estará fria.

Penelope

Today I undid the last stitch,
The web of embroidery.

In the deserted palace, a dog
Barks.

A whistle of arrows
Returns me to the past.

With the eyes of memory
I see the bow
That curves back on itself
The strength that stretches it.

I recognize in the silence
The peace I was missing.
(In the marble hall
The suitors writhe.)

The cycle is complete,
The wait over.

When Ulysses arrives,
The soup will be cold.

Motim

Estou morto,
Mas não me entrego.
Estou mutilado,
Mas nego
Até o fim meu destino
De pássaro cego.

Estou perdido,
Mas aperto
Ao peito este mapa
Incerto
Com seus rumos desconexos.

Estou mudo,
Mas não sossego
Este grito que carrego,
Como lâmina nos dentes.

Estou cercado, mas resisto.

Mutiny

I am dead,
But I don't hand myself over
I'm mutilated
But I deny
Until the end my
Blind bird destiny.

I'm lost,
But I press
This uncertain map
To my chest
With its routes disconnected.

I'm mute,
But I don't allay
This cry that I carry,
Like a blade in my teeth.

I'm surrounded, but I resist.

Geografia

Este é o absurdo
País do meu tormento,

De fronteiras levantadas
Contra o vento

E caminhos que
Levam
A Nunca Mais.

Este é o espaço
Perdido para o uso,
Risco inconcluso
No ar.

O mais é grito
De gaivota no mar,
Seu limite imperfeito,

O mais é o seguro
Estar dentro do muro.

Geography

This is the absurd
Country of my torment,

Of borders raised
Against the wind

And paths that
Lead
To Never Again.

This is the space
Lost for use,
An unfinished trace
In the air.

The rest is the cry
Of the gull on the sea,
His imperfect limit,

The rest is the refuge
Behind the rampart.

Rotina

A bofetada nos dentes
A risada na boca
O sangue que se engole
O vinho que se amarga.

A loucura dos mansos
O invisível
Ódio bordado
A flores na camisa.

A servidão dos dias
Habitados em círculo.

Routine

The teeth's insult
The mouth's smile
The blood swallowed
The wine that sours

Folly of the meek
The invisible
Hatred stitched
To the flowers of this blouse.

The servitude of days
Inhabited in circlet.

Banquete

O vinho
Que eu bebo
É o preço
De um homem.

O prato que eu como,
Sem fome,
É o salário
Da fome
De um homem.

Mas

O sonho que eu travo
Com fúria nos dentes

É somente a metade
Do sonho
De um homem.

Banquet

The wine
That I drink
Is the price
Of a man.

The plate I eat,
Indifferent,
Is the wage
Of man's
Hunger.

But

The dream I trap
Between my teeth

Is only half
Of the dream
Of a man.

Albergália

Albergália é um pássaro
De açoite,
Asa negra no vento. Corvo
Em minha noite, onde
Nunca mais é jamais.

Albergália é o vôo
Inconcluso,
Riso ocluso na boca
É só metade,
A outra parte perdeu-se
No tumulto.

A outra parte
É a parte do mistério
Que habita cada corpo
E que o consome.

Albergália é este ardor
Que me devora.
É a chaga do lado,
O bico nas entranhas.
(A lembrança do fogo
é somente o princípio.)

Albergália é este grito
Com asas,
É este aflito
Ruflar de sombra alada
No meu rosto,
Êxtase em que me entrego:
Precipício.

Albergália

Albergália is a bird
Of the whip,
Black wing in the wind. Crow
In my night, where
Nevermore is never before.

Albergália is the flight
Incomplete,
The occluded smile
Is just half,
The other part was lost
In the tumult.

The other part
Is the part of mystery
That inhabits each body
And consumes it.

Albergália is this ardor
That devours me.
It's the wound at my side,
The beak in my entrails.
(The memory of fire
is only the beginning.)

Albergália is this cry
With wings,
It's this afflicted
Ruffling of winged shadows
On my face,
The ecstasy in which I give myself over:
Precipice.

Espelhos

O Rio de Esquecimento
É um Rio de Morte.

Conhecimento é a água
Deste rio.

Na solidão navego,
Neste ritmo
De remos que se afundam
Na fronteira
Exata de água e sonhos.

Navego no precário
No infinito
Caminho do preciso.

Assim
Regresso à origem
Ao meu limite,

Meu limite
É o espaço
Onde me agito

À Mãe dos Animais,
À Grande Besta,
Procriando no escuro.

Um eixo de metal
Um velocípede
Dando voltas ao muro.

Outra força me cria,
Outro ideário.

Me sustento da fúria
Do que invento.

Há um animal bifronte
Nesta jaula
Que se chama Destino

Há um animal cortado
Neste espelho
Que se chama Possível

Uma face é silêncio
Outra é conflito

Uma língua destrói
Outra edifica.

E a ave que recolhe
Meus despojos
Devora-se infinita
Enquanto cinza.

Recolho meus despojos
Meu pedaços,
E me devoro inteira
No que sinto.

Mirrors

The River of Oblivion
Is a River of Death.
      Knowledge is the water
      Of this river.

I navigate in solitude,
In this rhythm
Of foundering oars
      I navigate through the precarious,
At the exact border
      In the infinite,
Of water and dreams.
      Path of the precise.

Such is
      My limit
My return to the origin
      Is the space
To my limit,
      Where I riot.

To the Mother of Animals
      A metal axle,
To the Great Beast
      A velocipede
Procreating in the dark.
      Circling the wall.

Another force creates me,
      I feed off the fury
Another idea.
      Of what I invent.

There's a two-faced beast
      There's a split beast
In this cage
      In this mirror
Called Destiny
      Called the Possible.

One face is silence
      One tongue destroys
The other is conflict.
      The other builds.

And the bird that collects
      I collect my remains,
My remains
      My pieces
Infinitely devours itself
      And I devour me whole
As ash.
      In what I feel.

O sétimo selo

A passagem para o nada é o princípio do abismo. Assim mesmo prossigo. Sugada para um centro obscuro e vazio. Absurda espiral onde boiam detritos. Nenhum passo para trás. Só o infinito caminho no infinito. Onde o que somos será mais denso e mais aflito. Bainha no punhal, avesso dos espelhos. Misteriosos portais franqueados ao mito.

A morte com seus selos, a trombeta, os limites. Meu esqueleto branco no deserto é pasto de chacais. Graciosas hienas gargalham meu suplício, meu esquálido filho, meu sudário, minha fome. Meu corpo lacerado, minhas granadas, meus rifles; meu infame sacrifício—meu algoz, minha vítima.

Estilhaços na carne. Um clarão. Precipício. A memória talvez nos devolva o previsto. As espadas do anjo, o cordeiro, o galope. A contagem do tempo, o tempo regressivo. O último olhar, o último grito, a última visão da Besta. O silvar das ogivas. A memória é oceano implacável, infinito. E eu navego no caos reinventando o Enigma. Esfinge sem cabeça, sem resposta e sem crime.

The Seventh Seal

The passage to nothingness is the beginning of the abyss. Still, I proceed. Sucked into a dark, empty center. An absurd spiral where detritus floats. There is no turning back. Just the infinite path into the infinite. Where who we are will be denser and more anguished. Dagger's sheath, the other side of mirrors. Mysterious portals opened to myth.

Death with its seals, the trumpet, the limits. My white skeleton in the desert is portion for foxes. Mocking hyenas cackle my ordeal, my squalid child, my shroud, my hunger. My lacerated body, my grenades, my rifles; my infamous sacrifice—my executioner, my victim.

Shards in flesh. Lightning. Precipice. Perhaps memory returns what was foreseen. The angel's swords, the lamb, the gallopade. Time telling, regressive time. The last look, the last cry, the last vision of the Beast. The whistle of warheads. Memory is an implacable ocean, infinite. And I navigate chaos reinventing the Enigma. Sphinx without head, without answer and without crime.

A anunciação do silêncio

The Annunciation of Silence

Parábola

Composição em quatro movimentos

1º Movimento - Dos pássaros

Povoar o silêncio
Meu tormento
É este saber-se
Pronto para o salto,

É este saber-se exato
Para o grito,
As palavras no ar
Como pedradas.

Saber do gesto o risco,
O vôo oblíquo
De asas sobre o nada.

Formosura veloz,
Fúria leve de espadas
Aves desceram do céu
Com suas garras
E devoraram a messe
Que eu plantava.

2º Movimento - Das pedras

Entre o cristal e a pedra,
Entre a surda
Cintilação do quartzo,
Entre o basalto
E a íris do que cego
Adivinha, do que surdo

Parabola

Composition in four movements

1st **Movement** - Of the birds

Peopling the silence
My torment
Is this knowing myself
Ready to leap.

Is this knowing exactly
What to cry,
The words in the air
Like stones thrown.

To know of the gesture, the trace,
The oblique flight
Of wings above nothingness.

Quick beauty,
The nimble fury of swords,
Birds descend from the heavens
With their claws
And devour the crops
I planted.

2nd **Movement** - Of the stones

Between crystal and stone,
Between the deaf
Sparkle of quartz,
Between basalt
And the iris blindly
Divined, deafly

Caminha entre os novelos
Do som.

Entre as areias caldas
O tegumento, raiz
Que já não medra.

Verbo inerme na boca.
No ouvido,
A Palavra secou,
Silêncio antes do grito.

3º Movimento - Dos Espinhos

Vingar entre abrolhos,
Devorar-se
Em solecismo e mordaça,

Virar pelo avesso
A morte, porque a vida
Resolve-se putrefata.

Crescer entre arames,
Entre farpas,
Entre agulhas, travando-se
A batalha
Da língua no palato,

Entre a miragem do grão
Que se dilate
Sufocado entre sarças.

Climbed between the skeins
Of sound.

Between the sand, incandescent iron,
The seed coat, the root
That no longer grows.

A defenseless verb in mouth
In ear,
The Word dried out,
Silence over scream.

3rd **Movement** - Of the Thorns

Vengeance between thistles
Devouring
Solecism and muzzle.

Turning death inside
out, because life
Resolves itself putrefied.

Growing between wires,
Between splinters,
Between needles, trapping
The battle
Of the tongue to the palate.

Between the mirage of grain
That dilates
Suffocating among the brambles.

4º Movimento - Das Searas

O Verbo se fez arma
     se fez corte
Navalha.

O verbo se fez bala
     se fez
Veneno em minha boca
     se fez
Parábola e semente.

O grito fez-se alarme
     fez-se terra
Semeada.

Medrou o silêncio
Em algazarra,
E a verdade cresceu
Como planta no estio
Como messe sagrada.

Semeadura de cantos,
Meu poema
Ressurgirá das cinzas
Destas brasas.

Quem tem ouvidos ouça
Que a palavra
Soará entre os frutos
Da seara.

4th Movement - Of the Crops

The verb was made weapon
            was made gash
Razor.

The verb was made bullet
            was made
Venom in my mouth
            was made
Parabola and seed.

The cry was made alarm
            was made earth
Sown.

It flourished in silence
In clamor,
And truth grew
Like a plant in summer
Like the sacred harvest.

The sowing of songs
My poem
Will resurrect from the ashes
Of these embers.

Those with ears, listen,
For the word
Will ring between the fruits
Of the field.

Antielegia para John Lennon

I
Ó suave naufrágio,
Ó esse doce
Amor dos outros em nós
Crucificado.

O sonho acabou,
E o que nos resta
É o avesso do espelho,
A fala assassinada,

A sombra do vazio
De outra sombra
Na ribalta apagada.

II
Inventar o silêncio?

Em nós o sol acaba
E há mil dezembros
Nesse insepulto ano
Sem idade,

No entanto,
O que já finda
Não se exaure.

Há de ficar o gesto,
As cordas da guitarra
Com que viraste o mundo
Pelo avesso.

Há de ficar apenas o começo.

Anti-elegy for John Lennon

I
Oh smooth shipwreck
Oh this sweet
Love for others,
In us, crucified.

The dream is over,
And what's left for us
Is the other side of the mirror
The murdered speech,

The empty shadow
Of another shadow
In the extinguished limelight.

II
Invent silence?

In us the sun burnt out
And there are one thousand Decembers
In this exhumed year,
Ageless,

Yet,
What's already ended
Cannot tire.

There will remain the gesture,
The guitar cords
With which you turned the world
Inside out.

Only the beginning will remain.

III
Não há de ser mais nada.
Apenas música,
Canção que enlaça o mundo
E que se cala.

Apenas o lance
De um dado sem arestas,
Apagado,
Que um jogador vendado
Joga e falha.

IV
Por que falar do Amor,
Este inquieto suplício,
Mão que tateia a ausência
De outra face?

Por que dizer do Agora,
Se o espaço
Que nos separa é maior
Que todo espaço
Do vazio do mundo,

É só pedaço
De um destino cortado
A faca e sabre?

V
Pode o mundo renascer
Do canto, do embate
De som e som?

III
There won't be anything left.
Only music,
The song that coils around the world
And then goes silent.

The mere casting
Of a corner-less die,
Extinguished,
That a blindfolded player
Plays and fails.

IV
Why speak of Love,
This restless punishment,
The hand that fumbles with the absence
Of another face?

Why speak of the Now,
If the space
That separates us is greater
Than all the space
Of the world's emptiness,

Is it just a piece
Of a destiny cut
By knife and saber?

V
Might the world be reborn
From song, from the clash
Of sound with sound?

Pode o acorde exato
Alcançar o motivo,
O instante de abrir
A porta ao Nada?

Pode salvar o canto
O que impossível
Se faz salvar,

A perdida batalha?

VI
Uma faca, um punhal,
Uma bala assassina,

E aqui está teu nome
Inscrito neste traço
De borboleta azul,
Neste fino traçado
De caracóis exaustos.

E aqui está teu gesto
Perdido neste leve
Bater de pálpebra,
Lágrima que de repente
Suavemente desce.

VII
Assim
O Desejado não se alcança
Sem amor,

Might the exact chord
Reach the melody,
The instant of opening
The door to Nothingness?

Might the song salvage
That which was made impossible
To save,

The lost battle?

VI
A knife, a dagger,
A murderous bullet,

And here is your name
Inscribed in this trace
Of blue butterfly
This thin sketch
Of weary snails.

And here is your gesture
Lost in this slight
Eyelid batting,
A tear that suddenly,
Softly falls.

VII
Just
As the Desired doesn't attain
Without love,

Que Amor devora a morte
Na constância
Dos sonhos habitados,
Das lembranças.

O que se foi apenas
Deixou rastro,
Uma pegada suave
Numa trilha
Palmilhada por aves.

O que se foi
Deixou um rosto nas esquinas
Do tempo.

Voz que cantou
O exato mote,
O fantástico estribilho

De uma canção maior
Do que sonhava.

VIII
Nesta bola de vidro
Espreito tua face,

Teus olhos
De oceano esvaído,
Teu cansaço
De explicar o obscuro.

Teu rútilo alfabeto
Tuas claves, teu canto.

Does Love devour death
In the constancy
Of dreams inhabited,
By remembrance.

What's gone
Left only a trace,
A faint footprint
On the trail
Trod by birds.

What's gone
Left a face on the street corners
Of time.

The voice that sang
The exact motto,
The fantastic refrain

Of a song greater
Than any we could have dreamt up.

VIII
In this glass ball
I spy your face,

Your eyes
Of evanesced ocean,
Your weariness
At explaining the obscure.

Your rutilant alphabet
Your clefs, your song.

Teu unicórnio branco.

A nós restou apenas
O compasso
Do descompasso de um mundo
—Alegre? falso?—
Que inventaste na pauta
E que hoje cala.

IX
Assim a ausência deixou
Um espaço claro,
Mais que perfeito
E raro.

Compasso absoluto
De um compasso
Mais alto,

Onde a morte compôs
Seu próprio traço,
Notas soltas na pauta,

Melodia na flauta
Que um soprador oculto
Assopra e despedaça.

X
Os poetas têm barcos
De papel,
Esquadras de cristal

Your white unicorn.

To us was left just
The offbeat measure
Of a world
—Happy? false?—
That you invented on the staff
And that today goes silent.

IX
Thus absence left
A clear space
More than perfect,
Rare.

The absolute measure
Of yet a
higher measure,

Where death composed
Its final bar,
On the loose notes of the staff,

Melody on flute
Blown and torn apart
By an unknown blower.

X
Poets have boats
Of paper,
Squadrons of crystal

Para cumprir o exato
Périplo dos naufrágios.

Ó inútil viagem,
Aqui se acaba o cais,
E o canto das sereias
Cessou seu malefício.

Aqui se acaba o sonho
Da paisagem
De uma ilha secreta
Que buscavas.

Aqui se acaba tudo que se acaba.

To follow along the exact
Route of shipwrecks.

Oh useless voyage,
Here ends the quay
And the sirens' song
Has ended its curse.

Here ends the dream
Of the landscape
Of a secret isle
That you were searching for.

Here ends everything that ends.

Biographical Notes

Myriam Fraga (1937–2016)

Myriam Fraga up until her passing in February 2016 was, and continues to be, one of the leading literary figures of Salvador da Bahia. Born in Salvador in 1937, Fraga counts among her contemporaries the writers Sônia Coutinho and Fernando de Rocha Peres, artist Calazans Neto, and filmmaker Glauber Rocha. She was the long-time friend of the world-famous Jorge Amado and his writer wife Zelia Gattai, as well as the visual artist Carybé. Her first book of poetry, *Marinhas,* was published in 1964 by Edições Macunaíma, Glauber Rocha's press. She produced over 10 volumes of poetry plus several children's books on popular figures in Bahian culture. Fraga led the helm at the Fundação Casa de Jorge Amado (the organization responsible for his archival materials) as the institution's executive director since its inception in 1986. In 2015, she was named the vice president of the Academy of Letters of Bahia. She was also the recipient of over a dozen Brazilian literary prizes.

Chloe Hill (1989–)

Chloe Hill is a PhD student in the Department of Portuguese & Brazilian Studies at Brown University. Her research focuses on the role of the contemporary Brazilian novel in World Literature with a specific view to the kind of book the translates or travels well in the world. She holds a BA in Portuguese & Brazilian Studies and Comparative Literature from Smith College. In 2014, with the support of a Fulbright fellowship, she traveled to Brazil to work alongside Myriam Fraga translating a selection of poems. Her translations have appeared in *Metamorphoses*: The Five-College Literary Translation Journal and *Exchanges*: The University of Iowa Literary Translation Journal.

The Cliff Becker Book Prize in Translation

"Translation is the medium through which American readers gain greater access to the world. By providing us with as direct a connection as possible to the individual voice of the author, translation provides a window into the heart of a culture."

—Cliff Becker, May 16, 2005

Cliff Becker (1964–2005) was the National Endowment for the Arts Literature Director from 1999 to 2005. He began his career at the NEA in 1992 as a literature specialist, was named Acting Director in 1997, and in 1999 became the NEA's Director of Literature.

The publication of this book of translation marks the culmination of work he had done in support of his personal passion for ensuring the arts are accessible to a wide audience and not completely subject to vagaries of the marketplace. During his tenure at the NEA, he expanded support for individual translators and led the development of the NEA Literature Translation Initiative. His efforts did not stop at the workplace, however. He carried out his passion in the kitchen as well as the board room. Cliff could often be seen at home relaxing in his favorite, worn-out, blue T-shirt, which read, "Art Saves Me!" He truly lived by this credo. To ensure that others got the chance to have their lives impacted by uncensored art, Cliff had hoped to create a foundation to support the literary arts which would not be subject to political changes or fluctuations in patronage, but would be marked solely for the purpose of supporting artists, and in particular, the creation and distribution of art which might not otherwise be available. While he could not achieve this goal in his short life time, now, seven years after his untimely passing, his vision has become manifest.

In collaboration with White Pine Press and the Cliff Becker Endowment for the Literary Arts, the Creative Writing Program at the University of Missouri, together with his surviving wife and daughter, has launched an annual publication prize in translation in his memory. The Cliff Becker Book Prize in Translation will produce one volume of literary translation in English, annually, beginning in the fall of 2012. It is our hope that with on-going donations to help grow the Becker Endowment for the Literary Arts, important artists will continue to touch, and perhaps save, lives of those whom they reach through the window of translation.